兒童 親子教育課程
the parenting children course

給育有0至10歲
孩子的父母

> 來賓手冊
Guest Manual

兒童親子教育課程— 來賓手冊
The Parenting Children Course - Guest Manual
(Traditional Chinese version)

出版者 Published by AAP Publishing Pte Ltd

ISBN: 978-981-07-5927-8

目 錄

本手冊是專為配合兒童親子教育課程DVD或現場講課而設計的，如欲了解如何參加課程或舉辦課程，請看第80頁。

致　謝

由衷感謝以下協助與鼓勵我們製作兒童親子教育課程的人士：

羅伯・帕森斯（Rob Parsons），謝謝你的著作與演講所給予的靈感、實例和故事。

羅斯・甘伯（Ross Campbell），感謝你書中的真知灼見，尤其有關管理怒氣方面。

蓋瑞・巧門（Gary Chapman），謝謝你的五種愛之語的觀念，不但幫助了我們，也幫助了許多父母。

李力奇與李希拉

Nicky and Sila Lee

上集　家庭的角色

前言

- 對於成為完美父母的任何期待都是不切實際又毫無助益的
- 教養子女沒有速成公式或訣竅
- 不同情況和不同的子女需要採取不同的做法
- 有些通則可應用在所有家庭
- 與其他父母討論也很重要
- 今日生活節奏的挑戰
- 父母必須投入足夠的時間與精力在家庭生活上

兒童親子教育轉輪

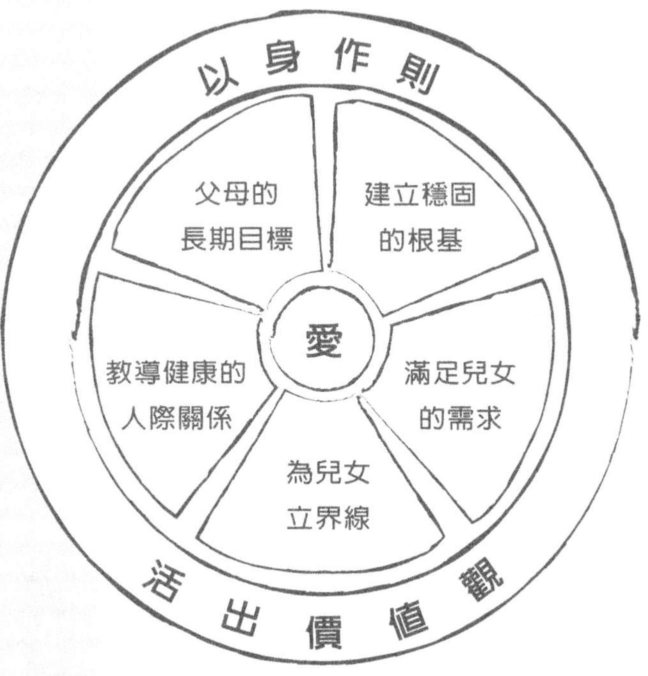

家庭是為什麼而設？

1. 家庭提供支持
   - 我們的子女將經歷到：
     - 拒絕與排斥
     - 失望
     - 失敗
   - 他們應該在家中經歷到：
     - 接納
     - 愛
     - 鼓勵

2. 家庭提供樂趣
   - 歡笑的價值
   - 規劃特別的家庭時間
   - 確保每個家庭成員都沒有答應別人做其他事

- 避免電話或別人來打岔（除非是被邀請的外人，但須了解這是「家庭時間」）

安排家庭時間之建議

- 盡量安排在每週同一時間
  - 至少花一個半小時開心地玩
  - 家人輪流選擇從事的活動

  （請參考19-20頁家庭作業練習1的「活動建議」）

- 安排在用餐時間
- 讓家人輪流選擇最喜愛的菜單——當他們夠大的時候，藉此機會教他們烹調他們最愛吃的食物
- 確保對話和活動符合子女的程度
- 如果安排在週間的晚上，要協調好做功課、練琴等等的時間（視子女年齡把家庭時間排在寫功課或練琴之前或之後）
- 把電視關掉，或者限制只能一起看某一個節目或DVD

3. 家庭提供道德指標

- 兒童從家人身上學到好行為和壞行為
- 他們學到的價值觀：如
  - 考慮到別人
  - 負責任
  - 幫忙做家事

4. 家庭是孩子學習互動的地方

- 孩子透過經驗、觀察與練習，學習到家中各種不同的關係：
  - 父母一小孩
  - 媽媽一爸爸
  - 手足一手足

– 祖父母—孫子女
– 叔伯嬸姨、堂表等

經驗：親子關係

- 透過感受父母無條件的愛，小孩學習去愛。

「……地上最強大的力量莫過於無條件的愛，我認為如果你給你的孩子無條件的愛，那麼你已經做對九成了。可能有些日子你不喜歡這愛——這愛並非不加批評；那完全是另一回事——但知道無論如何你總是可以回家，這對人生的意義甚大。這愛帶給人的幫助非常非常多，假如每個父母都能從子女還小的時候就給他們這樣的愛，我相信他們都能成為更好的人。」

華倫．巴菲特（Warren Buffett）
Yahoo! News and The Huffington Post 8 July 2010

- 讓子女感到自己完全被接納是很重要的
- 我們的愛與接納能造就孩子以下各項，進而建立自信心：
  – 安全感（知道他們被愛不是因為做了什麼，而是因為他們是誰）
  – 自我價值感（知道他們是有價值的人——他們的自我價值是基於他們認為父母是怎麼看他們的）
  – 有意義（知道他們的人生有目的，他們可以做出有價值的貢獻）
- 終極的安全感、自我的價值與意義，是來自於神
  – 我們效法神教養祂兒女的榜樣
  – 父母是神在地上的代表

「我們愛，因為神先愛我們。」

聖經
約翰一書4章19節

觀察：媽媽—爸爸（和其他成年人）的關係

- 子女觀察成人的關係而學習到如何與人相處
  - 我們身為父母的，如何對彼此說話、如何傾聽彼此說話
  - 我們透過肢體所展現的愛
  - 遇到衝突時我們是否去解決、如何解決
- 孩子需要親眼看到成人示範什麼是親密、委身的關係（如欲進一步了解，請上網站 **relationshipcentral.org**）
- 若父母能一起教養兒女，請考慮一起參加「美滿婚姻課程」以經營你們的關係
- 若父母無法一起教養兒女，請盡可能與孩子的爸爸（或媽媽）維持良好關係（解決衝突、饒恕、教養一致等等）

練習：手足—手足（和其他同輩）的關係

- 孩子與人建立關係是透過同其他兄弟姊妹和朋友練習
  - 如何一起玩
  - 如何分享
  - 如何處理爭執
  - 如何道歉與原諒

5和10週課程使用

練習

評估你的教養現況

如果你的孩子夠大，能夠將下列每一項敘述對應到現實生活，那麼你就可以對自己的教養現況進行評估。否則，你就以子女的身分來評估你所受到的教養（因我們發現我們常仿效上一代的方式來教養自己的兒女）。請誠實作答！然後找某人說說你希望有些什麼樣的改變。

	讀完每一項敘述後在適合的格子裡打勾				
	從來沒有	很少	偶爾	通常是	向來如此
我們至少每週有一次特別的家庭時間，全家人聚在一起	☐	☐	☐	☐	☐
每週我都花一些時間和我的孩子做些好玩有趣的事	☐	☐	☐	☐	☐
每週有好幾次我們全家同桌吃飯（不是邊看電視邊吃）	☐	☐	☐	☐	☐
我經常告訴子女我愛他們，我給他們的讚美比批評多	☐	☐	☐	☐	☐
我控制我的孩子看電視和玩電腦遊戲的時間	☐	☐	☐	☐	☐
我給孩子時間和機會跟我講話；我會聆聽他們關心的事	☐	☐	☐	☐	☐
我知道我孩子的朋友是哪些人，我知道我的孩子在學校最喜歡做什麼，也知道他們最愛吃什麼	☐	☐	☐	☐	☐
我的子女可以坦誠地跟我說話，如果我有什麼讓他們不高興的事，他們也會告訴我	☐	☐	☐	☐	☐
我在管教子女的時候懂得自制	☐	☐	☐	☐	☐
我／我們已經協調出子女行為的界線，並且言行一致地執行	☐	☐	☐	☐	☐
我跟我的孩子談我的信仰和價值觀	☐	☐	☐	☐	☐
我經常為孩子禱告，也將屬靈的價值觀傳遞給他們	☐	☐	☐	☐	☐
我與孩子的爸／媽討論關鍵的教養問題，並已協調出一致的做法	☐	☐	☐	☐	☐

10週課程使用

小組討論

1. 你記得在成長過程中，曾有某個特別時刻感受到家人給你的支持嗎？

2. 在你成長過程中，有沒有和家人玩樂的時光？若有，是在什麼時候？

3. 你們全家最充滿歡笑趣味的時光是什麼時候？

4. 哪裡是最能讓你的孩子學到如何建立健康關係的地方？

5. 為了好好經營你家庭裡的各種關係，你能做些什麼？

家庭作業——完成第19-20頁的**練習1**

下集　健康的家庭生活模式

設定目標

- 為我們家庭生活的願景
- 駐足思考我們想要達到什麼目標
- 二十年後，我們的子女對我們和這個家會有什麼樣的回憶？

家庭生活的目標

我們的子女成年後，想到成長經驗時會不會聯想到這些事情：

- 全家在一起的歡樂時光？
- 有人傾聽心事？
- 碰到困難的抉擇時有人可以好好談？
- 被鼓勵和肯定？
- 個人獨特的個性與恩賜被看重？
- 知道他們是被疼愛的？
- 學到重要的價值觀如誠實、慷慨等？
- 學習考慮他人？
- 有人在為他們禱告？
- 為保護他們的緣故有清楚的界線？
- 看到仁慈的榜樣？

1. 玩很重要

「科技革命的一大副作用是，古老的活動（跑、爬、裝扮、製作、分享）被獨自附著於螢幕前的生活方式給取代了。」

《有毒童年》作者蘇．帕嫚
Sue Palmer, Toxic Childhood

- 運用他們的想像力
- 學習一些技巧
- 自己玩
- 跟別人玩

- 在室內玩也在戶外玩
- 限制坐在螢幕前的時間

建議看電視的時間限制	
孩子的年齡	**時間長度**
3 歲以下	不可曝露在螢幕前
3 至 7 歲	每天 30 至 60 分鐘
7 至12 歲	每天 60 分鐘
12 至15 歲	每天 90 分鐘
16 歲以上	每天 2 小時

資料來源：艾立克．西格瑪博士（Dr. Aric Sigman）

2. 聯絡感情很重要

- 對小孩子來說，愛他就要花**時間**在一起
- 孩子對時間的需要是質量並重的
- 小孩出生的頭18個月很重要
- 誰會是我們孩子的主要照顧者？
- 要找到教養子女和職場工作間的平衡點並不容易
  - 在家工作
  - 全職／兼職
- 花時間和孩子在一起，比光用嘴巴說愛孩子更有力
- 我們需要訂出時間運用的**優先順序**
  - 學習跟我們的孩子說「好」而跟其他人和事說「不」
  - 我們唯一責無旁貸的地方，就是家庭
- 我們需要學習**規劃**時間
  - 與我們最珍視的人相處的時間不會憑空發生
  - 已婚者，需規劃每週都有「夫妻時間」
  - 已為父母者，需規劃每週有「家庭時間」
  - 和每個孩子安排一對一的時間

（第二課的下集將詳細討論）

- 我們需要**保護**我們的時間以免被以下事物占滿
  - 電視
  - 電話
  - 其他人
  - 我們的工作

3. 建立固定的作息

- 固定的作息帶來安全感和穩定
- 有固定作息的孩子健康成長
- 用餐時間固定
  - 有助於提供健康飲食
  - 讓全家人有機會在一起
  - 圍坐一桌益處多
- 就寢時光
  - 孩子一定要睡眠充足（參見下表）
  - 沐浴時間、講故事時間、禱告時間
  - 提供自然而然的機會把我們的價值觀講給孩子聽，傳遞給他們
  - 在各層面上都有溝通管道
    - 情感上的
    - 身體上的
    - 靈性上的

建議睡眠時間		
	年齡	**建議睡眠時間（每日）**
嬰兒	3 至 11 個月	14 至 15 小時
幼兒	12 至 35 個月	12 至 14 小時
兒童	3 至6 歲	11 至 13 小時
較大的孩子	7 至 11 歲	10 至 11 小時

來源：《有毒童年》，作者蘇．帕嫚

5週課程使用

小組討論

1. 你記得在成長過程中，曾有某個特別時刻感受到家人給你的支持嗎？

2. 在成長過程中，你們有過全家一起歡樂的時光嗎？現在你們全家玩得最開心是在什麼時候？

3. 什麼事情讓你忙到抽不出時間陪子女？

4. 你們的家庭生活是否已發展出固定的作息習慣了？（例如：週間有一次家庭時間，用餐時間、上床時間）

5. 你希望能培養什麼新的作息習慣？

家庭作業—完成第19-22頁的**練習1**和**2**

10週課程使用

小組討論

1. 身為父母，你以什麼為主要目標來教養兒女？

2. 有什麼能幫助你的孩子投入健康的玩耍？

3. 什麼事情讓你忙到抽不出時間和子女在一起？

4. 你們的家庭生活已有哪些固定的作息習慣？（例如：每週一次家庭時間，週末時光、用餐時間、上床時間）

5. 你希望能培養什麼新的作息習慣？

家庭作業——完成第21-22頁的**練習 2**

家庭作業

練習 1

規劃家庭時間

規劃本週（或盡快）可進行的家庭時間：

在＿＿＿＿＿＿＿＿（日期）我們要進行家庭時間

我們計畫全家一起做：

＿＿＿＿＿＿＿＿＿＿＿＿＿＿＿＿＿＿＿＿＿＿＿＿＿＿＿＿＿＿

＿＿＿＿＿＿＿＿＿＿＿＿＿＿＿＿＿＿＿＿＿＿＿＿＿＿＿＿＿＿

（和你的孩子一起計畫一項特別的活動，也可以保密，到時給孩子一個驚喜）

活動建議：

1. 去公園玩；踢足球；丟飛盤等等
2. 玩撲克牌、下象棋、西洋棋等
3. 玩比手畫腳（做動作猜字謎）：孩子最愛看父母猜不出來的樣子了！
4. 玩著色遊戲、畫畫等（不妨嘗試給彼此畫素描）
5. 堆積木、玩小汽車或玩具士兵
6. 扮家家酒、或玩打扮的遊戲
7. 親子一起照著食譜做東西吃
8. 一起做東西或修理東西
9. 玩捉迷藏，藏手帕等類似的遊戲
10. 全家一起去散步或騎腳踏車
11. 一起去划船
12. 去野餐（無論晴雨！）
13. 一起煎薄餅
14. 溜直排輪（rollerblading，記得要穿好護具！）
15. 去游泳
16. 規劃尋寶遊戲，比方從房間裡找出26個英文字母
17. 朗讀一本好書（*例如：老少咸宜的納尼亞傳奇*）
18. 看相簿或觀賞家庭錄影帶 / DVD
19. 錄音製作家庭新聞報導，然後寄給某個不常見面的好朋友或親人

請翻面 ⇨

練習 1（接上頁）

20. 玩全家都能參與的桌上遊戲（board game）—— 如大富翁（Monopoly），Scrabble, Sorry, Trivial Pursuit…等
21. 唱最愛的歌曲或朗誦童謠（也可以用自製樂器伴奏）
22. 運用雜誌上剪下來的圖片、舊鈕扣、碎布等製作一幅拼貼畫
23. 用照片和消息製作一個家庭網站
24. 製作一簡單的冬季鳥類餵食器，掛在大家都看得到的地方
25. 製作布偶並演一齣布偶劇
26. 烤肉，可以烤帶皮的香蕉—— 縱向剖開，裡面填入巧克力！
27. 拜訪長輩
28. 一起聽故事CD（很多給幼兒的童話故事或聖經故事繪本都有附光碟）
29. 鼓勵兒童畫一幅彩色的圖畫，寄給祖父母，較大的孩子可以寫信
30. 打羽毛球、籃球、高爾夫球等，你的孩子喜歡的球類運動
31. 帶孩子到爸爸或媽媽工作的地方參觀一下
32. 在紙上畫家庭樹，全家一起完成家譜，如果有照片，不妨貼上去
33. 給每人一張大紙，互相輪流在紙上描繪身體輪廓，然後塗上顏色，成為真人圖像
34. 秋天時收集各種落葉，壓在書本裡
35. 全家一起擬計畫幫助某發展中國家的一個孩子
36. 到住家附近散步，認識社區環境
37. 用剪貼簿一起描述最喜愛的節日或任何特殊活動（可貼照片、畫圖、文字、紀念品等）
38. 寫一齣啞劇來演出，或者玩比手畫腳（由一人做動作，其他的家人猜字）
39. 一起去外面商店吃冰淇淋、喝熱巧克力或冰奶昔

其他好點子：

練習 2

健康的習慣

講到教養兒女，你希望在哪些方面看到改變？

1. 身為父母，我的最大目標是：

i. ______________________________

ii. ______________________________

iii. ______________________________

2. 你的孩子會不會從更積極而有創意的遊戲中獲益更多？會／不會

倘若會，我可以鼓勵／容許我的孩子更有創意的玩：（請寫出方法）

____

3. 你希望把什麼新的作息習慣（若有的話）引介到你的家庭生活中？（例如：每週有一次「家庭之夜」，全家圍坐餐桌吃飯，睡前的慣例，在週末做一件特別的事，或全家出去玩一天）

每天：

- ______________________________
- ______________________________

每週：

- ______________________________
- ______________________________

請翻面 ⇨

練習 2（接上頁）

每年：

-
-

4. 有什麼事佔用到你的時間而可能與上述作息習慣有所衝突？

-
-
-

5. 你能做什麼改變／犧牲，好讓這些新的作息習慣成為可能？

-
-
-

2 滿足 兒女的需求

複習

第一課——建立穩固的根基

家庭是為什麼而設的？

- 家庭提供支持
- 家庭提供樂趣
- 家庭提供道德指標
- 家庭提供與人相處的榜樣

建立健康的家庭生活

- 健康的玩
- 健康的情感連結
- 健康的作息常規
  - 每日：用餐時間／就寢時間
  - 每週：創造一起歡樂的「家庭時間」

> **討論：**
>
> 第一課的內容與你最切身相關的是什麼？讀完以後你是否籌辦過任何「家庭時間」？

上集　五種愛之語：言語和肢體的接觸

有行動的愛

- 自信心是從知道自己是被疼愛的而建立的
- 自信心使我們得以：

– 在必要時敢於與眾不同
– 建立親密的關係
- 我們的孩子都有「情感槽」（emotional tank），需要常保盈滿
- 他們的行為表現就是情感槽滿或空的指示器

表達愛的五種方式

（本於蓋瑞・巧門，羅斯・甘伯合著《兒童愛之語》，中主出版）

1. 肯定的言詞

- 我們的言詞會影響兒女往後一生對自己的看法
- 給予讚美不可籠統隨便——要找出特色與行為，然後針對那些予以讚美
- 肯定的言詞能造就孩子，也會影響他們將來的行為表現與成就

「黃金定律：孩子正在做一件對的事情的時候，抓住時機當場給予讚美。」

摘自《學習放手讓孩子單飛》，新苗文化
Steve Chalke, *How to Succeed as a Parent*

- 練習多讚美成功，少批評失敗
- 糾正孩子的錯誤時不要帶著譴責

2. 愛的肢體接觸

- 肢體的接觸對孩子非常重要——對女孩和男孩一樣重要
- 把我們的愛傳遞給孩子的重要方式
- 對某些父母來說並不太容易自然地表達
- 我們都可以學習
- 建立包含關愛觸摸的每日常規

5週課程使用

練習

使用言語與肢體的接觸

以下兩個問題，請把你的答案寫下來，然後找一、兩個人討論你們的答案。

1. 你如何自然地對孩子說肯定的言詞和給予關愛的觸摸？

2. 這和你自己的童年經驗有關嗎？

10週課程使用

小組討論

1. 你孩子的「情感槽」快空了的時候有什麼徵兆？

2. 你有沒有聽過「五種愛之語」的觀念？若有，這觀念是否有助於你所有的人際關係？

請翻面 ⇨

3. 你如何自然而然地對孩子說肯定的言詞？這與你的童年經驗有關嗎？

4. 什麼能幫助身為父母的你給孩子多些讚美、少些批評？

5. 你能自然地給孩子關愛的觸摸嗎？這與你的童年經驗有關嗎？

家庭作業——完成第31-32頁的**練習1**和**2**

下集　五種愛之語：
時間、禮物和行動

3. 一對一的時間

- 我們的孩子都渴求被我們注意、希望獲得我們的關愛
- 跟每一個孩子都有特別的時間能培養他們的自尊心，和與他人相處的能力
- 作父母的可能不容易發覺孩子需要一對一的時間而給予滿足
- 孩子越多就越需要刻意安排一對一的時間
- 跟每個孩子都有一對一的時間可保持溝通管道暢通
- 可以改變一個孩子的行為
- 眼神的接觸：
  - 可以有正面和負面的作用
  - 孩子是從我們的榜樣而學習的——如果我們做，他們也會做
  - 當他們還是嬰兒時很容易做到——當他們漸漸長大後也不要放棄眼神的接觸
  - 好的眼神接觸必伴隨著「主動式聆聽」

> 「眼神接觸的重要性不僅在有助於跟孩子的良好溝通，更能填滿他或她的情感需求。」
>
> 《如何愛你的孩子》作者羅斯．甘伯，大光出版
> Ross Campbell, *How to Really Love Your Child*

4. 精心的禮物

- 送禮物不需要花大錢
- 禮物可以具有很高的情感價值
- 不可用禮物來取代言詞、時間或觸摸
- 要能意識到孩子想送你禮物的時候是在向你表達愛
- 教導他們等候的價值（「延遲滿足」）

5. 服務的行動

- 對父母來說這類機會很多！
- 小孩子一般會以為理所當然
- 一定要教導孩子當我們或別人替他們做事情以後，要記得表示感謝
- 應檢查自己的心態——當我們為孩子做事的時候，是樂意還是不情願？
- 多讓孩子嘗試用仁慈、助人的行動來表達愛

用這五種方式向兒女表達我們的愛：

- 對孩子而言，某一兩種愛的表達（愛之語）會比其他更重要
- 當孩子漸漸長大，我們需要找出讓他們感到被愛的主要方式和次要方式
- 特別留意運用主要愛之語

5週課程使用

小組討論

1. 當你的孩子「情感槽」快空了的時候有什麼徵兆？

2. 是否記得童年時曾透過五種愛之語中的任何一種感受到父母的愛？

3. 五種愛之語中（言詞、觸摸、時間、禮物、行動）哪一種最能讓童年的你感到被愛？

4. 你認為哪一種愛的表達對你孩子的效果最明顯？

5. 五種愛之語中，哪一種對你來說最難表達？有什麼能幫助你用那種方式表達愛？

家庭作業——完成第31–34頁的**練習1–4**

10週課程使用

小組討論

1. 是否記得童年時曾透過五種愛之語中的任何一種感受到父母的愛？

2. 五種愛之語中（言詞、觸摸、時間、禮物、行動）哪一種最能讓童年的你感到被愛？

3. 你認為哪一種愛的表達對你孩子的效果最明顯？

4. 五種愛之語中，哪一種對你來說最難表達？有什麼能幫助你用那種方式表達愛？

家庭作業——完成第32-34頁的**練習3**和**4**

家庭作業

練習 1

五種愛之語的等級排列

如果你的孩子已經可以理解了，試著和孩子一起按照重要性排列五種愛之語，好讓你們知道優先用哪種愛之語來表達愛。

你自己的愛之語

1. ______
2. ______
3. ______
4. ______
5. ______

配偶的愛之語（若在一起的話）

1. ______
2. ______
3. ______
4. ______
5. ______

孩子的愛之語

1. ______
2. ______
3. ______
4. ______
5. ______

孩子的愛之語（若不只一個孩子）

1. ______
2. ______
3. ______
4. ______
5. ______

（更多的孩子依此類推）

- 檢查是否使用這五種愛之語向孩子表達愛
- 特別注意對每個孩子最重要的兩種愛之語，要常常去表達

練習 2

給予鼓勵

把你今天（或昨天）對孩子說的肯定、鼓勵的言詞列舉出來。也把你對孩子說的批評的言詞列舉出來。

肯定的言詞	批評的言詞

哪一邊比較長？假如批評的言詞多過肯定的言詞，本週內請刻意多說肯定的言詞，以平衡過來。

練習 3

一對一的童年回憶

1. 小時候你的父母（雙方或一方，或是照顧你長大的人）是否曾特別花時間單單和你在一起？請寫出你的童年回憶。

練習 3（接上頁）

2. 那些時光給你留下什麼感覺？

____

____

3. 你準備怎樣和孩子個別獨處，以給他們留下美好的回憶？（請分別寫下你要給每一個孩子的一對一時間）

- 我打算用（一次多長的時間、以及多久一次）

  ____

  跟（哪一個孩子）______________________________

  做（描述活動）______________________________

- 我打算用（一次多長的時間，以及多久一次）

  ____

  跟（哪一個孩子）______________________________

  做（描述活動）______________________________

練習 4

給孩子責任

（如果你的孩子夠大，可以賦予家事的責任，才需要寫這個練習。）

請按照孩子的年齡寫出他（她）適合做的家事（或有大人從旁協助）

孩子的名字	年齡	家事責任
例如：約翰	3	洗澡時間之前把玩具整理好
例如：基拉	9	擺餐具 飯後協助洗碗盤 把腳踏車歸位

複習

第一課——建立穩固的根基

家庭是為什麼而設的？

- 家庭提供支持
- 家庭提供樂趣
- 家庭提供道德指標
- 家庭提供與人相處的榜樣

建立健康的家庭生活

- 健康的玩
- 健康的情感連結
- 健康的作息習慣
  - 每日：用餐時間／就寢時間
  - 每週：創造一起歡樂的「家庭時間」

第二課——滿足兒女的需求

- 我們的孩子有「情感槽」，需要常保盈滿
- 五種表達愛的方式
  - 肯定的言詞
  - 愛的肢體接觸
  - 特別的時光
  - 精心的禮物
  - 服務的行動

討論：

本週你是否嘗試用新的方式使用五種愛之語中的一種？
若有，效果如何？

上集　有愛也要有界線

為什麼要訂界線？

「疼愛兒子的，
隨時管教。」

聖經
箴言13章24節

- 無條件的愛是有效管教的基礎
- 孩子漸漸長大，想要且需要知道界線在哪裡，誰在執行
- 管教能培養三件事：
  1) 自律（有道德、負責任的行為）
  2) 尊重權柄（父母和其他人）
  3) 安全感

界線要訂在哪裡？

- 極端的做法很危險──無論是太嚴苛或太放任都是危險的
- 找出平衡點
- 要有權柄但不獨裁，也不要溺愛或忽略孩子

「你們作父親的，不要惹兒女的氣，只要照著主的教訓和警戒，養育他們。」

聖經
以弗所書6章4節

四種教養風格

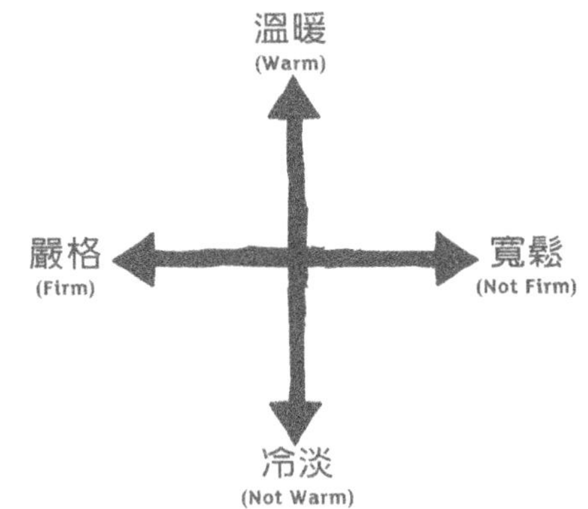

來源：《有毒童年》，作者蘇．帕嫚

不同教養風格的實例

1. 阿力，10歲，因為聽他朋友談論某部電影，就想租DVD來看，但須提出滿15歲的證明才能租得到。

    - 忽略型的父母會 ______________________
    - 獨裁型的父母會 ______________________
    - 放任型的父母會 ______________________
    - 權柄型的父母會 ______________________

2. 妮妮，4歲，在遊樂場把另一個同齡的小女孩手中的球搶過來。

    - 獨裁型的父母會 ______________________
    - 放任型的父母會 ______________________
    - 忽略型的父母會 ______________________
    - 權柄型的父母會 ______________________

我們該如何立界線？

1. 對與錯的選擇
    - 教導孩子分辨什麼行為可以接受、什麼行為不能接受
    - 跟孩子解釋後果——好行為帶來愉快的結果，超越界線帶來不好的後果
    - 告訴孩子選擇權在他們
    - 教導孩子為自己的行為負起責任

- 用描述式的讚美給作「正確選擇」的孩子口頭嘉獎
- 用一張獎勵表，每次孩子作正確選擇就貼一張星星貼紙，以鼓勵持續
- 至於「錯誤的選擇」則給予不好的結果

2. 選擇正確的戰場
    - 停下來思考
    - 停下來想想你的孩子是不是

      H______________________________

      A______________________________

      L______________________________

      T______________________________

    - 或是你呢？

3. 辨認自然的幼稚行為
    - 辨認幼稚與不聽話的差別
    - 將減少一半不必要打的仗
    - 依據孩子的成熟度調整你的期待

4. 保持幽默感
    - 找出一些使氣氛輕鬆的方式
    - 和其他父母一起歡笑

5和10週課程使用

練習

自然的幼稚行為

想想不同年齡的一些幼稚行為的例子，然後找一、兩個人討論你所寫的例子。

孩子年齡	例子
例如：2歲：	因為哥哥而分心，結果打翻了牛奶
•	
•	
•	

對這些幼稚行為的例子，什麼樣的反應最好？一點幽默感有無幫助？

•

•

•

10週課程使用

小組討論

1. 你傾向採取哪種教養風格？是否因為你從小接受的教養風格就是那樣？

請翻面

練習（接上頁）

2. 什麼幫助了你選擇對的戰場？

3. 你能做什麼以增加孩子「對的選擇」？

4. 你會讓孩子得到什麼後果，如果他／她作出了「錯誤選擇」？

家庭作業──完成第44-45頁的**練習1**

下集　幫助孩子作好的選擇

1. 要公平而清楚
    - 他們是否夠大，能夠聽得懂我們的指示？
    - 我們是否對他們這年齡的孩子期望太高？

2. 要用對語氣
    - 用嚴肅的聲調來教導他們什麼是「不可以」
    - 除非有危險，否則不要用吼叫的

3. 行動會帶來結果
    - 吼叫和威脅是無效的

- 針對不良行為採取行動是很重要的：亦即，讓結果貫徹到底

4. 先發制人
   - 運用轉移注意力的方法，亦即：遇到會導致衝突的事情，先轉移孩子的注意力
   - 訂出你們自己的家規以避免經常性的爭吵

5. 給孩子選擇
   - 讓孩子有選擇，對孩子學習負責很重要
   - 對於不太重要的事情讓孩子有選擇，例如：「你想要帶哪一個玩具？」和「你要去玩沙，還是要去游泳？」
   - 給予選擇有助於化解衝突

6. 控制情緒
   - 避免演變成吵架
   - 我們的情緒反應會給孩子一種可控制我們的力量──就好比讓他們碰觸我們胸前的「紅色按鈕」，然後看我們會有什麼反應，比如大發雷霆、追逐他們、生氣
   - 找出一種能真實警告孩子的方式
   - 不要被孩子的吼叫、鬧脾氣、或哭鬧所操縱

7. 要切實執行後果
   - 不要光用嘴巴威脅──惟有當你真的會去執行結果時，才能警告孩子會有什麼樣的結果
   - 找出有效的後果

8. 父母的立場一致
   - 當父母雙方都參與教養時：
     - 協調出同一策略（可能需要一點妥協）
     - 要一致
     - 要互相支持

5週課程使用

小組討論

1. 在這四種教養風格中——忽略型、獨裁型、放任型和權柄型——你傾向採取哪種風格？是不是因為你從小就是接受這種教養風格？

2. 想一想你自己的孩子，哪些情況是最難以管教的？

3. 什麼有助於增進孩子的「正確選擇」？

4. 你會讓孩子得到什麼後果，如果他／她作出了「錯誤選擇」？

5. 什麼有助於你選擇正確的戰場？

6. 面對孩子有不良行為時，你如何保持自制？

家庭作業——完成第44-46頁的**練習1**和**2**

10週課程使用

小組討論

1. 想一想你自己的孩子，哪些情況是最難以管教的？

2. 用本課的哪些原則來處理這些情況最有用？

3. 面對孩子不良行為時，你如何控制自己的情緒？

家庭作業——完成第45-46頁的**練習2**

家庭作業

練習 1

結合溫暖與嚴格

1. 回想你自己的童年，當年父母是怎麼教養你的。你的父母（繼父母）主要採取哪種教養風格：

☐ 忽略型（低冷淡與低寬鬆）？

☐ 獨裁型（低冷淡，高嚴格）？

☐ 放任型（高溫暖，低寬鬆）？

☐ 權柄型（高溫暖與高嚴格）？

2. 你是否發現自己正仿效父母對你的教養方式來教養孩子？還是恰恰相反？

____

3.你希望對自己的孩子採取什麼不同的方式？

____

____

4. 思考 HALT（飢餓、焦慮、寂寞、疲倦）。當孩子出現不良行為時，是否可經常應用到孩子身上？

☐ 飢餓　☐ 焦慮　☐ 寂寞　☐ 疲倦

5. 你能做什麼來改變情況？

____

____

練習 1（接上頁）

6. 哪一種能經常應用到你身上？

☐ 飢餓　☐ 焦慮　☐ 寂寞　☐ 疲倦

7. 你能在哪些方面好好照顧自己，好作個稱職的父母？（例如：睡眠充足些、固定時間小歇一下、做些運動、看醫生、找成人朋友作伴）

（關於尋找支持的建議，請看《親子教育》（暫譯）第2章）

____

____

練習 2

鼓勵孩子作對的選擇

1. 今天你給孩子作什麼選擇？

____

____

2. 本週中你有沒有給「作對的選擇」的孩子鼓勵（愉快的結果）？

____

____

請翻面 ⇨

練習 2（接上頁）

3. 本週你給「作錯誤選擇」的孩子什麼樣不愉快的後果？

____

____

4. 有沒有想到一件如果父母通力合作可以更有效解決的事情？

____

討論這件事情，並試著協調出一致的辦法。

（或許你們需要集思廣益，想出各種可能的辦法，然後選擇一項試試看。幾天或幾週後再來檢討效果。）

可能的解決辦法：1. ______________________________

2. ______________________________

3. ______________________________

4. ______________________________

目前我們都同意用（從上述辦法選出最好的一種）______________________________

____

教導健康的人際關係

複習

第一課——建立穩固的根基

家庭是為什麼而設的？

- 家庭提供支持
- 家庭提供樂趣
- 家庭提供道德指標
- 家庭提供與人相處的榜樣

建立健康的家庭生活

- 健康的玩
- 健康的情感連結
- 健康的作息習慣
  - 每日：用餐時間／就寢時間
  - 每週：創造一起歡樂的「家庭時間」

第二課——滿足兒女的需求

- 我們的孩子有「情感槽」，需要常保盈滿
- 五種表達愛的方式
  - 肯定的言詞
  - 愛的肢體接觸
  - 特別的時光
  - 精心的禮物
  - 服務的行動

第三課——為兒女立界線

- 為孩子立適當的界線很重要

- 行為有界線可培養孩子的自律、尊重權柄，以及安全感
- 表現溫柔與堅定（權柄型的教養風格）
- 分辨不聽話與幼稚行為的差別
- 一定要讓孩子作出正確選擇後獲得愉快的結果，比方獲得稱讚
- 當孩子作出錯誤選擇後，要給予不愉快的後果，比方「暫停」
- 父母同心協力教養子女

討論：

想想本週中有無需要你訂出界線的例子，結果如何？

上集　人際關係的以身作則和練習

傾聽的力量

1. 給予全部的注意力
   - 認出重要時刻，讓孩子看到你在用心聽
   - 保持眼神接觸

2. 對孩子的生活表示關心
   - 需要一番努力和慷慨的付出
   - 聆聽孩子講他們有興趣的事

3. 避免叫孩子閉嘴
   - 重視他們的想法
   - 容許他們表達負面的感受，如失望、尷尬、悲傷、焦慮和生氣

4. 複述孩子說的話

- 把你認為孩子說了什麼重複一次給他／她聽
- 如實反映你的孩子剛才說的某些用語，但不要模仿孩子的腔調，那樣會惹人厭
- 焦點擺在如實反映你認為你的孩子想表達的感受，例如：「聽起來好像你覺得很不高興、很失望或很傷心？」
- 反映式的傾聽能幫助孩子說出心中的感受

手足關係，以及與其他孩子的關係

1. 不要比較

- 重視每個孩子的獨特性
- 避免貼標籤
- 不要為了誇獎一個孩子而貶低另一個孩子

2. 孩子吵架不見得要調解

- 給他們空間去調解自己的糾紛
- 保持中立──不要總是怪大的孩子，也不要不分青紅皂白就下結論
- 如果他們在彼此傷害就要介入
- 不容許刻薄的言詞、也不許霸凌
- 預先解決經常引起紛爭的問題：儘可能用輪流的方式

3. 安排家庭時間

- 不要每次都分開各自吃飯
- 家裡不要放好幾台電視
- 策畫全家相聚的晚上活動、出遊活動、度假活動
- 一起做家務
- 讓他們一起開心地玩，玩小孩子的遊戲，裝笨，到戶外玩耍
- 不要一直都由你來逗他們開心；讓他們有無聊的時候，這樣他們就會自己想遊戲玩
- 全家一起玩

4. 給每個孩子一些空間和隱私

- 有些孩子比較需要有自己的時間

5. 幫助孩子看見彼此的優點

- 讓他們有彼此照顧的責任感

5和10週課程使用

練習

反映式聆聽

1. 孩子說以下這些話的時候，可能隱含了什麼感覺？

1）「我再也不要去學校了，我討厭上學。」
2）「我們這隊贏了！」
3）「香蘭和明慧不跟我玩了，他們說我年紀太小，不會玩他們的遊戲。」
4）「我們班上每一個人都畫得比我好。」
5）「小傑把我的新車弄壞了。」
6）「我們足球比賽輸掉了，我是守門員，我漏接了三個球。」
7）「我也想去，我真的夠大了。」
8）「我討厭小華，我再也不要跟他玩了。」

兩人一組，有一人假裝是小孩（年齡在5至10歲之間），另一人假裝是小孩的父母。「小孩」說一句上面的話，然後「父母」如實反映所聽到的，說出「小孩」心中可能的感覺。避免出意見或給安慰——那放到稍後比較合適。

例如：小孩：「我們班上每一個人都畫得比我好。」
父母：「聽起來好像你覺得畫畫很難。」

然後「小孩」指出「父母」了解得對不對。接著「父母」再次作如實反映。

例如：小孩：「嗯，老師要我們畫的，我一點都畫不出來。」
父母：「那你一定覺得很煩喔。」

對話持續一、兩分鐘，然後交換角色。使用另一句話起頭，遵循上述指示演練下去。

演練以後，討論作「小孩」講話有父母聆聽的感覺如何？也討論作「父母」如實反映小孩的感受難不難？

2. 你是否已經養成對某個孩子偏心的不良習慣？例如：對某個孩子講話比較注意聽，對另一個孩子講話則不太留意？

10週課程使用

小組討論

1. 在練習反映式聆聽時，被人聆聽的感受如何？

2. 有什麼能幫助你有效地聆聽孩子心聲，尤其當他們在表達負面情緒如受傷、生氣、失望或難過時？

3. 你的孩子們吵架主要是因為哪些事情？（如果你只有一個小孩，那麼請想想你的孩子和其他小孩的友誼關係。）

請翻面 ⇨

4. 如何幫助他們和諧相處？

家庭作業——完成第 57-58 頁的**練習 1**

下集　處理怒氣（我們的和孩子的）

對生氣無用的反應

- 有些人的反應像犀牛
  - 生氣的時候就發動攻擊，用侵略性的方式表達感受
- 有些人的反應像刺蝟
  - 生氣的時候就保護自己，把感受藏在心裡

學習控制怒氣

1. 找出生氣的根源
   - HALT——自問：我是餓了、焦慮、孤單或累了？
   - 錯置的怒氣：過去因某人引發的怒氣被埋在心裡，現在卻引爆在別人身上
   - 以饒恕來處理過去未解決的傷害

2. 給自己時間冷靜下來
   - 按暫停鍵
   - 避免不分青紅皂白的驟下結論

3. 指出行為，但不要給孩子的性格貼標籤
   - 避免說「你就是這麼粗心大意」或「你怎麼這麼刻薄」之類的話。
   - 小孩子會相信這些標籤

- 指出行為有助於改變，例如：「這樣做很粗心喔」或「說這種話很刻薄喔」

4. 用「我」作句子的開頭來表達自己的感受
   - 幫助我們避免給別人貼標籤
   - 孩子們較容易作出積極的回應，並改變行為

幫助孩子管理怒氣

幼兒的鬧脾氣

- 從二十個月大到四歲之間的幼兒會有此行為，是正常的
- 不是你沒教養好
- 別忘了HALT
- 先一步思考（先發制人）── 分心、選擇、常規
- 碰到孩子大鬧脾氣的時候
  - 以面部表情和身體語言表示不為所動
  - 若在公共場所，要讓孩子在你身邊或緊緊抱住孩子，直到怒氣平息為止
  - 一旦結束也不要表現出頓覺輕鬆的樣子

較大的孩子（5－10歲）

- 解讀每個孩子表現生氣的方式
- 目標是教導他們「表達」，而不是要「攻擊」或「壓制」
- 幫助他們以適當的方式表達生氣（用言詞、和氣地）
- 糾正粗暴、破壞性的行為、咒罵、傷害別人，等等 ── 不要對孩子置之不理
- 容許孩子表達負面情緒：受傷、難過、生氣，等等
- 不許孩子表達或討論，可能導致被動的攻擊行為，亦即：利用負面行為以反擊父母，比方拒絕溝通、拒絕合作或者故意惹人生氣

- 如果問題的造成我們也有錯，而導致孩子生氣，那我們需要承認
- 不要為了孩子用不成熟的方式表達負面感受而懲罰他／她

教導孩子管理怒氣

1. 明白這是個漫長的過程

- 至少需要18年！
- 幫助孩子體會碰到問題時與其作出不良行為，不如好好地講效果更好

2. 設法找出生氣的根源

- 傾聽孩子心聲
- HALT──他們是餓了、焦慮、寂寞或累了？
- 找出根源並不容易
  – 他們自己可能也不知道
- 如果我們沒有找出根源，他們可能會變得更生氣、或更壓抑情緒，導致日後更加不聽話
- 營造開誠佈公的環境以鼓勵孩子願意溝通

3. 以身作則，好好化解衝突

- 讓孩子們看到你們身為大人如何解決衝突而言歸於好
- 當我們作父母的犯了錯，一定要跟孩子道歉
- 當他們犯了錯，我們一定要原諒
- 不要讓傷害和隱藏的怒氣潰爛惡化

5週課程使用

小組討論

1. 你的反應比較像犀牛還是刺蝟？

2. 有什麼能幫助你以建設性的方式表達怒氣？

3. 每個孩子生氣的時候各有什麼不同的反應？

4. 你能如何幫助他們有效地表達生氣？

5. 有什麼能幫助你有效地傾聽孩子心聲，尤其當他們在表達負面情緒如受傷、生氣、失望或難過時？

請翻面 ⇨

6. 有什麼能幫助你的孩子們和諧相處？

家庭作業——完成第57-60頁的**練習1**和**練習2**

10週課程使用

小組討論

1. 你的反應比較像犀牛或刺蝟？

---

2. 有什麼能幫助你以建設性的方式表達怒氣？

---

3. 每個孩子生氣的時候各有什麼不同的反應？

---

4. 你能如何幫助孩子有效地表達生氣？

---

5. 你們如何作解決衝突的好榜樣給孩子們看？

家庭作業——完成第 58-60 頁的**練習 2**

家庭作業

練習 1

承認感受

- 請看孩子們所說的話
- 然後用一個形容詞來描述孩子可能的感受
- 接著用那個形容詞想出一種反應來，表示你了解孩子的感受，進而幫助孩子為自己的感受命名
- 避免出意見或給安慰——那等稍後一些再做

孩子的話	孩子的感覺（一個詞）	父母的反應
例子		
「公車司機對我大吼，大家都在笑。」	尷尬	「聽起來好像很尷尬」
1. 「我很想給小明一拳，打歪他鼻子！」		
2.「才不過下一點小雨而已，老師就說不能去郊遊了，她好無聊喔。」		
3. 「小莉邀我參加她的派對，可我不知道……」		
4. 「真不知道老師為什麼偏在週末出這麼多的功課！」		

請翻面 ⇨

練習 1（接上頁）

孩子的話	孩子的感覺（一個詞）	父母的反應
5.「今天我們練球的時候，我一直漏接，被踢進了好幾分。」		
6.「小莉要搬家了，她是我最好的朋友。」		

練習 2

幫助孩子處理怒氣

☑ 你認為有助於處理以下情況的好主意，請打勾：

1. 你的兩個孩子都在車上，都想看同一本書，他們搶來搶去的時候，書本掉到地板上。他們吵得越來越大聲，有一個動手打人了，另一個反擊，用力抓了對方一把，兩人都氣到漲紅了臉，而你根本沒法專心開車。

- ☐ 馬上停車，把書拿過來
- ☐ 告訴他們如果不吵架而且輪流看，才把書還給他們
- ☐ 要他們互相道歉
- ☐ 把收音機的音量轉大聲，不管他們
- ☐ 提議玩別的遊戲，如「我看見」，轉移他們的注意力
- ☐ 其他點子____________________

練習 2（接上頁）

2. 你的5歲孩子高興地玩著樂高（Lego），他正在搭建一座複雜精細的城堡。出門的時間到了，他不肯走。你告訴他非出門不可了——現在！他說：「不要！」語氣堅決。你告訴他說，沒有別的選擇。他的反應是賴在地上，亂踢一陣，結果踢到他的城堡，整個散掉了。這下他更生氣了，氣他好不容易蓋的城堡坍塌了。

☐ 把他從地上扶起來，然後離開，讓他自己冷靜下來

☐ 告訴他回來後你會幫他再蓋一座城堡，把他從地上扶起來，然後離開

☐ 冷靜地對他說等你回來的時候，他自己要把樂高收好，然後離開

☐ 決定下一次你會提前五分鐘提醒他快要出門了

☐ 其他點子＿＿＿＿＿＿＿＿＿＿＿＿＿＿＿＿＿＿＿＿＿＿＿＿

3. 你8歲的兒子放學回家，一副心情很差的樣子。你問：「怎麼啦？」「沒事，」他說：「走開啦！」然後走過去踢地上的玩具，又用手去戳嬰兒。你看得出他不開心，但你不接受他這種行為。你問他今天學校發生什麼事，他很沒禮貌地回答：「我才不要告訴你。」他進房間，開始踢門，又朝樓上的窗戶扔球。

☐ 給他15分鐘左右的時間冷靜，然後再想辦法問出到底出了什麼事

☐ 告訴他你知道他很不高興，但是他不可以打破或弄壞任何東西，用柔軟的東西換他手上的球

☐ 告訴他等他準備好想講而且不會再亂丟東西或傷害任何人的時候，才可以走出房間

☐ 就寢時間再次詢問到底是什麼讓他不高興，好好跟他講為什麼他剛才的行為是不可以的

☐ 其他點子＿＿＿＿＿＿＿＿＿＿＿＿＿＿＿＿＿＿＿＿＿＿＿＿

請翻面 ⇨

4. 你們在超級市場，而你已經相當疲累！你把三歲的孩子放在手推車裡——她也已經累了！你開始把食品一樣樣放進推車。她看到架上的巧克力餅乾，就說：「我要買那個。」你告訴她家裡還有，等會兒回家吃。她看到薯片又叫道：「我要買那個。」你跟她說不行買。她開始使性子，這時她瞄到在別的推車裡有個小朋友在吃糖果，就開始放聲大哭。

- [ ] 假裝沒聽到孩子的哭鬧，對別的顧客報以微笑，表示這是完全正常的情況，並且一切都在你的掌控中
- [ ] 告訴她不哭的話就可以買一盒葡萄乾給她
- [ ] 設法轉移她的注意力，問她買優格要買什麼口味的？想喝哪種茶包？
- [ ] 想一個超市裡的遊戲，比方「你猜我們轉到隔壁走道時會不會看見一個戴眼鏡／帶玩具熊／帶隻狗的爺爺／叔叔」（請注意這個伎倆約僅能維持5分鐘的平靜）
- [ ] 下次來超級市場的時候，要選孩子不那麼累的時候，而且先跟她講好你在購物時她可以吃什麼，例如：掰些棍子麵包或葡萄吃
- [ ] 其他點子________________________________

5 父母的長期目標

複習

第一課──建立穩固的根基

家庭是為什麼而設的？

- 家庭提供支持
- 家庭提供樂趣
- 家庭提供道德指標
- 家庭提供與人相處的榜樣
- 建立健康的家庭生活
- 健康的玩
- 健康的情感連結
- 健康的作息時間
  - 每日：用餐時間／就寢時間
  - 每週：創造一起歡樂的「家庭時間」

第二課──滿足兒女的需求

- 我們的孩子有「情感槽」，需要常保盈滿
- 五種表達愛的方式
  - 肯定的言詞
  - 愛的肢體接觸
  - 特別的時光
  - 精心的禮物
  - 服務的行動

第三課──為兒女立界線

- 為孩子立適當的界線很重要

- 行為有界線可培養孩子的自律、尊重權柄，以及安全感
- 表現溫暖與嚴格（權柄型的教養風格）
- 「正確選擇」與「錯誤選擇」
- 父母同心協力教養子女

第四課──教導健康的人際關係

- 身教勝於言教
- 示範有效的溝通──傾聽孩子說話，談他們的感受，幫助他們表達感受
- 幫助他們用適當的方式表達生氣
- 讓他們看到你化解衝突的方式
- 示範道歉與饒恕
- 讓他們跟手足和其他孩子練習解決衝突

上集　鼓勵孩子負責任

為健康的獨立而訓練我們的孩子

- 我們並不擁有我們的孩子
- 我們要幫助孩子培養自制力，不用一直讓父母控制
- 父母有時很難放手
- 為期18年的漸進過程
- 容許他們自己作決定並從所犯的錯誤中學習
- 不健康的控制可能起因於好面子、怕失敗、壓力或完美主義

不健康控制的症狀

1. 無微不至地管理孩子的生活
   - 「直升機父母」──盤旋在孩子上方，孩子沒機會學習自己思考

2. 過度要求孩子跟別人競爭

- 給孩子太多不必要的壓力

3. 把孩子的日程表排得太滿

- 可能是因害怕孩子落後、或比不上別的孩子

4. 過度保護孩子，總是幫他們救火

- 導致孩子不需要負責任，也沒有從犯錯中學到教訓
- 要讓孩子逐漸為自己負責
- 把訊息和價值觀傳遞給他們，給他們一個道德的框架，作行為依據

幫助孩子作好的選擇

1. 性

- 點滴漸進式地給予資訊
- 回答他們的問題
- 善用談話的機會，例如：雜誌的文章、電視節目、電影等等
- 談論「對與不對的肢體接觸」
- 在他們進入青春期之前就找本好書給他們讀，並表示願意和他們討論書中內容

2. 網路與電子遊戲

- 提醒孩子利弊與危險
- 家中電腦安裝網站過濾軟體
- 把電腦放在起居室（客廳）
- 執行時間限制──上網和玩電腦遊戲都要有時間限制

SMART安全上網聰明守則

（和你的孩子一起討論）

S　SAFE 安全——謹慎留意，以保安全，無論在聊天室或張貼東西到網上，都不要留下個人資訊。個人資訊包括電子郵件地址、電話號碼和密碼。

M　MEETING 見面——跟網友見面可能會有危險，只有在父母或照顧你的人同意之下才可以答應赴約，但就算要赴約，也要家長陪同。別忘了，雖然你跟網友在網上交談很長一段時間，其實對方仍是陌生人。

A　ACCEPTING 接受——接受你並不認識也不信任的人傳給你的電子郵件、即時通信息、或打開附檔、照片或文字檔，都可能會有問題，裡面可能含有病毒或不堪入目的信息。

R　RELIABLE 可信度——網上的人可能捏造身分，所提供資訊也不一定是真實的。一定要從其他網站、書籍或向你認識的人去查證。上網跟人聊天最好僅限於你在真實世界所認識的親友。

T　TELL 告訴——如果有什麼事令你感覺不舒服或擔心，或是如果你或你的朋友在網上被人霸凌，一定要告訴你的父母、或照顧你的人、或可信任的大人。

3. 毒品與酒精

- 在孩子整個成長過程中要經常和他們談論
- 讓他們了解正確資訊，懂得保護自己

5和10週課程使用

練習

逐漸放手

1. 每一天平均讓孩子自己玩的時間有多長？

每天______分鐘

2. 哪三方面是你鼓勵孩子隨著年齡成長而要逐漸獨立的？

i. ______

ii. ______

iii. ______

3. 上一次你讓孩子從犯錯中學習教訓是什麼時候？

______

4. 你是否看出自己在以下方面傾向於不健康的控制：

☐ 無微不至地管理孩子的生活？

☐ 過度要求孩子和別人競爭？

☐ 把孩子的日程表排得太滿？

☐ 過度保護孩子，總是幫他救火？

不論勾選上述哪一項，請問你可以如何改變？

______

______

找一、兩個人討論你們想要作的改變。

10週課程使用

小組討論

1. 「逐漸放手」練習中哪個部分最能啓發你的省思？

2. 你要如何容許孩子從犯錯中學習，同時又能保護他們？

3. 隨著孩子漸漸長大，你要如何將你對於性的價值觀傳遞給孩子？

4. 你該怎麼限制孩子上網和玩電子遊戲的時間，你如何保護他們的網路安全？（請參考SMART指導原則）

5. 你要如何培養孩子健康的心態，以面對毒品和酒精？

家庭作業──完成第73-74頁的**練習1**和**2**

下集　傳承信仰與價值觀

如何傳遞我們的信仰與價值觀？

- 價值觀就是我們認為最重要的事，反映在我們怎麼使用時間、金錢與精力
- 我們示範給孩子看的價值觀是什麼？
- 「觀念上的價值觀」和「實際的價值觀」
- 價值觀來自我們的核心信念

1. 回答孩子關於人生的問題
   - 給孩子一個大架構，讓他們了解生命的真諦
   - 我們為何來到世上？
   - 人死了以後會怎樣？
   - 有一位神嗎？

2. 我們的家庭環境
   - 讓你的家成為孩子想回來的地方，在這裡：
     – 他們可以擺脫束縛，作自由的個體
     – 有界線但不是律法主義
     – 有紀律但不是獨裁
     – 鼓勵比批評多
     – 有很多歡笑
     – 感謝比抱怨和怪罪多
     – 有道歉與饒恕，也有重新開始的機會
   - 信仰用身教比用言教快
   - 小孩心目中上帝的形象首先是依據父母對待他們的方式來塑造的
   - 讓孩子看到無條件的愛

3. 得到他人的支持
   - 家族中的其他人
   - 其他角色典範

4. 傳遞我們的金錢觀

- 廣告與名人文化帶給孩子和父母的壓力
- 給他們零用錢的選擇
  - 選擇要存多少、花多少、捐多少
- 教導慷慨助人、良好的管理，以及誠實
- 幫助孩子從經驗中學習延遲滿足的價值
- 示範對財物的健康態度

5. 為孩子禱告

- 永不嫌早（請看聖經路加福音1章44節，施洗約翰在母腹中的記載）
- 永不嫌晚（請看聖經路加福音15章11-24節，浪子的比喻）
- 將恐懼和渴望化為禱告
- 何時禱告：
  - 孩子睡前帶著他們一起禱告
  - 教導他們禱告（感謝、對不起、請）
  - 我們自己要禱告
  - 找其他人一起禱告
  - 塞在車陣中、洗衣或燙衣服時
  - 心中被催促時（往往可能是孩子即將發生危險或受引誘）
  - 每一天
- 祈求什麼：
  - 友誼
  - 學校
  - 孩子的健康
  - 孩子的安全
  - 孩子將來的另一半（絕大多數的孩子將來會進入婚姻，所以他們的另一半很可能已經存在世上某個地方）
  - 孩子回應神的愛
  - 孩子的品格，照聖靈的果子依次祈求：「仁愛、喜樂、和平、忍耐、恩慈、良善、信實、溫柔、節制」（請看聖經加拉太書5章22節）

- 和孩子一起禱告，尤其在睡前
- 為自己為人父母的身分禱告

6. 培養家庭的傳統、常規與慣例

- 傳統創造對家庭的認同感
- 幫助孩子有歸屬感
- 正面的傳統加強我們的價值觀
- 孩子會更有安全感，必要時更能夠抗拒同儕壓力
- 每日固定作息習慣（參見第一課）
- 每週傳統
  - 家庭之夜（參見第一課）
  - 週末
  - 上教會
- 每年傳統
  - 全家度假
  - 生日
  - 聖誕節和其他節日
  - 標記季節

5週課程使用

小組討論

家庭傳統與慣例

1. 你自己有什麼每日、每週或每年的傳統與慣例？

每日：

1. ______

2. ______

3. ______

每週：

1. ______

2. ______

3. ______

每年：

1. ______

2. ______

3. ______

2. 你有無任何需要丟棄的「不良」習慣？（亦即對你的孩子或家庭生活有害的習慣，例如邊吃飯邊看電視）

______

3. 從本課的談話，以及與其他父母的討論中，你可以培養什麼新的慣例？

每日：____________________

每週：____________________

每年：____________________

4. 金錢方面，你希望傳遞給孩子什麼樣的價值觀？

____

家庭作業——完成第73-74頁的**練習1–3**

10週課程使用

小組討論

家庭傳統與慣例：

1. 你自己有什麼每天、每週或每年的傳統和慣例？

每日：

1. ____________________

2. ____________________

3. ____________________

每週：

1. ____________________

2. ____________________

3. ____________________

請翻面 ⇨

每年：

1. ____________________

2. ____________________

3. ____________________

2. 你有無任何需要丟棄的「不良」習慣？（亦即對你的孩子或家庭生活有害的習慣，例如邊吃飯邊看電視）

____

3. 從本課的談話，以及與其他父母的討論中，你可以培養什麼新的慣例？

每日：____________________

每週：____________________

每年：____________________

4.金錢方面，你希望能傳遞給孩子什麼樣的價值觀？

____

家庭作業——完成第74頁的**練習 3**

家庭作業

練習 1

塑造品格

請依照重要性的順序，寫出五項你最希望在孩子身上看到的品格／價值觀（例如：恩慈、忠誠、自制、樂觀、誠實、快樂、幽默感、有禮貌、感恩、尊重、慷慨、謙卑和溫柔）

1. ____________________

2. ____________________

3. ____________________

4. ____________________

5. ____________________

練習 2

信仰與價值觀的傳承

1. 你希望把哪些最重要的信念與價值觀傳給你的孩子？

2. 你要如何以身作則？

請翻面 ⇨

練習 2（接上頁）

3. 有沒有其他方法有助於信仰與價值觀的傳承？

____

____

練習 3

教養孩子的目標

請寫下你從教養孩子課程中學到、或被提醒的三件最重要的事情：

1. ____

2. ____

3. ____

請寫下你上完課程後想要作、或已經作的改變：

1. ____

2. ____

3. ____

附錄 1

課程嘉賓

我們對現身於DVD，分享親身經驗的父母和孩子表達真摯感謝，以下用粗黑字體表示的名字為主要受訪的家庭成員。

Annie 和 **Silas**
Jessie (19) Zac (18) Mo (16) Minnie (15) Tallulah (13)

Barbara 和 Sam
Samuel (6)

Con 和 Madeleine
Henry (15) **Amelia (12)** Tom (11)
Charlie (7) Johnnie (18個月)

Dianne 和 Alan
Neil (12) Jacob (10) Oliver (4)
Dianne和Alan家的三個男孩都是領養的

Eli 和 Jon
Noelle (15) Jocosa (2)
Eli 以單親身分獨自撫養 Noelle 多年，現在她嫁給了 Jon, Jocosa 是他們生的孩子。

John 和 **Krista**
Owen (10) Matt (8)
John 和 Krista 從前段婚姻有四個孩子，年齡從17至20歲不等。

Joy
Abigail (11) Joshua (9) **Hannah (8)**
Joy 是單親媽媽

Karen 和 Paul
Liam (23) Christian (21) Hannah (18)

Mandie 和 **Mark**
Matthew (8) Emma (6)

Niyi 和 **Oyinkan**
Tosin (13) Obafemi (9) Adeolu (6)

Pandora
四名子女皆已長大成人
Pandora 是單親媽媽

Paul 和 **Philomena**
Patrick (16) **Emily (15) Johnnie (11) Max (10)**

Phil 和 **Ici**
Lauren (10) Lukas (10) Josiah (7)
Lukas 是 Ici 的姪兒，現在他和他們住在一起，像直系親屬一樣。

Rachel 和 **Sam**
Caleb (6) Levi (4) Talitha (6 個月)

Sam 和 **Archie**
Charlie (9) Genie (7) **Joel (6)** Theo (3)

Shona
Ashlyn (6) RJ (3)
Shona 是單親

請翻面 ⇨

Sijeong 和 **Woodug**
Eunchan (4) Eunchae (2)

Taryn 和 **Mark**
Caleb (6) Ella (4) Asher (2)

Tony
Ciara (13) Orla (11) Ruairi (7)
Tony是單親，配偶已逝。

Will 和 Ali
Bart (8) Fergus (6)

附錄 2

教養專家

非常感謝以下教養「專家們」慷慨提供意見，並在DVD上現身說法。如欲瞭解他們的機構和出版品，請看以下聯絡資料。（註：以下書籍除註明中文版出版社之外，其他書名均為暫譯，因無中文版。）

哈利．班森（Harry Benson）── 布里斯托社區家庭信託基金會（Bristol Community Family Trust）創辦人；投入家庭政策、研究與關係課程多年；著有《讓我們黏在一起：新手父母關係簿》（*Let's Stick Together: The Relationship Book For New Parents*）。網址：**bcft.co.uk**

陸欣妲．費爾（Lucinda Fell）── 國際兒童網（Childnet International）的政策與溝通主任，國際兒童網是非營利組織，旨在協助使網際網路成為對兒童青少年的一個安全又好玩的地方。如欲取得兒童網的廣大資源，以支援父母和照顧者，請上官網：**childnet.com** 與 **kidsmart.org**

葛妮絲．顧德（Glynis Good）── 夫妻與家庭關係諮商師，定居於愛爾蘭的都伯林，尤其關注支持年輕人度過父母分開的衝擊和難關；著有《當父母離婚：給青少年的支持、資訊和鼓勵》（*When Parents SPLIT: Support, information and encouragement for teenagers*）。網址：**whenparentssplit.com**

茱莉．姜森（Julie Johnson）──PSHE顧問暨培訓師；在英國倫敦地區和各地舉辦親職工作坊；兒童與青少年家庭諮商師；人類天賦資源治療師（Human Givens therapist）；專門處理有關成長和青春期問題、霸凌、失去和改變，包括失親和父母離婚；著有《生氣》（*Being Angry*）、《霸凌與幫派》（*Bullies and Gangs*）（這兩本書皆屬於給5至10歲兒童的〈想法和感覺〉系列，出版社：Franklin Watts），以及《我對我的繼親家庭感覺如何》（*How Do I Feel About My Stepfamily*）。電郵地址：**julie.johnson@virgin.net**

提摩希．姜斯（Timothy Johns）── 私立山楂學校校長（Headmaster, The Hawthorns School, Bletchingly, Surrey RH1 4QJ），一所提供2至13歲兒童的學校（男女兼收、不供住宿）。

請翻面 ⇨

蘇・帕嫚（Sue Palmer）— 曾任校長；教育家，教育顧問，專長識字訓練；著有（*Toxic Childhood*）、《E化孩子的聰明教育—電子時代的解毒妙方》（*Detoxing Childhood*）、和《二十一世紀少年》（*21st Century Boys*）。網址：**suepalmer.co.uk**

羅伯・帕森斯（Rob Parsons）—「關懷家庭」機構（Care for the Family）主席暨創辦人；著有《60分鐘父親》（*The Sixty Minute Father*）和《青少年：每個父母不可不知的事》（*Teenagers: what every parent has to know*）等多本親職好書；以家庭生活與企業為主題的國際講員。如欲獲得家庭生活各領域的相關資源與支援，請上官網：**careforthefamily.org.uk**。

艾立克・西格瑪博士（Dr Aric Sigman）— 心理學家；生物學家；廣播節目主持人；商業演講人；著有：《被搖控器控制的人生》（*Remotely Controlled: How television is damaging our lives*）、《愛孩子，就是要管教！—幫助孩子走向自律的12個愛的管教》（*The Spoilt Generation: Why restoring authority will make our children and society happier*），以及《飲酒之國：在今日的飲酒文化下如何保護我們的孩子》（*Alcohol Nation: How to protect our children from today's drinking culture*）。網址：**aricsigman.com**

派蒂・斯普菁博士（Dr Pat Spungin）— 兒童心理學家與家庭生活專家；著有《平安夜》（*Silent Nights*）、《海恩斯青少年手冊：父母實用指南》（*The Haynes Teenager Manual: The practical guide for all parents*）、《給父母的手足教養指南》（*The Parentalk Guide to Brothers and Sisters*）（與維多莉亞・理察森Victoria Richardson合著），以及《了解你的家人》（*Understand Your Family*）（顧問編輯）。網址：**drpatspungin.co.uk**

附錄 3

推薦閱讀

本課程書籍：

《親子教育（暫譯）》（*The Parenting Book*）
李力奇及希拉夫婦著（啓發國際，2009）
by Nicky & Sila Lee (Alpha International, 2009)

其他書籍（按作者英文姓氏順序）：

（註：以下書籍除註明中文版出版社之外，其他書名均為暫譯，因無中文版。）

365兒童聖經故事（*The Children's Bible in 365 Stories*）
派蒂・亞歷山大著
by Pat Alexander (Lion, 2001)

如何愛你的孩子（*How to Really Love Your Child*）
羅斯・坎培爾醫生著（大光出版社）
by Ross Campbell, M.D. (Cook Communications Ministries, 1992)

憤怒，愛的另一面（*Anger: Handling a Powerful Emotion in a Healthy Way*）
蓋瑞・巧門著（世界知識出版社）
by Gary Chapman (Northfield Publishing, 2007)

兒童愛之語（*The Five Love Languages of Children*）
蓋瑞・巧門 著（中國主日學協會出版）
by Gary Chapman and Ross Campbell, M.D. (Northfield Publishing, 1997)

是誰造了我？（*Who Made Me?*）
梅爾康、梅麗兒 著（光啓文化事業出版）
by Malcolm & Meryl Doney (Candle Books, 2006)

我的身體是神奇妙的設計（*What is God's Design for My Body?*）
蘇珊・霍納 著
by Susan Horner (Moody Publishers, 2004)

美滿婚姻（*The Marriage Book*）
李力奇及希拉夫婦著（啓發國際，2009）
by Nicky & Sila Lee (Alpha International, 2009)

有毒童年（*Toxic Childhood*）
蘇・帕嫚 著
by Sue Palmer (Orion Books, 2006)

60 分鐘家庭（*The Sixty Minute Family*）
羅伯・帕森斯 著
by Rob Parsons (Lion, 2010)

60 分鐘父親（*The Sixty Minute Father*）
羅伯・帕森斯 著
by Rob Parsons (Hodder & Stoughton, 1995)

60 分鐘母親（*The Sixty Minute Mother*）
羅伯・帕森斯 著
by Rob Parsons (Hodder & Stoughton, 2009)

小寶貝的聖經（*Baby Boy Bible/Baby Girl Bible*）
莎拉・陶明 著（宗教教育中心）
by Sarah Toulmin (Good Books, 2007)

小寶貝的祈禱（*Baby Prayers*）
莎拉・陶明 著（宗教教育中心）
by Sarah Toulmin (Good Books, 2008)

relationshipcentral.org

如果你有興趣更多瞭解有關兒童親子教育課程或
青少年親子教育課程，上課地點，或如何開設課程，

如果你有興趣了解有關基督信仰的事，並希望能與你附近
舉辦啓發課程的地點連繫，亦請先連絡

啓發課程辦公室

我們會為你詳盡說明與安排聯繫

www.ingramcontent.com/pod-product-compliance
Lightning Source LLC
LaVergne TN
LVHW021943220826
846092LV00010B/1217

* 9 7 8 9 8 1 0 7 5 9 2 7 8 *